Christa Doll

Aus Alt schöpf Neu

Werkstattheft 4

Papier herstellen und gestalten

HERDER
FREIBURG · BASEL · WIEN

Eine Werkstatt für eigene Ideen

Dieses Heft bietet den Leserinnen und Lesern Einblicke in eine Werkstatt voller Ideen zum Thema Papier herstellen und gestalten. Nicht das fertige, perfekte Produkt steht hier im Mittelpunkt. Anregungen zum schöpferischen Arbeiten mit Kindern und eine Fülle von Tipps und Tricks machen den Werkstattcharakter aus. Vielfältige Materialien sollen neugierig machen und lassen ungewöhnliche Einfälle entstehen, die schnell und unkompliziert umgesetzt werden können. Dieses anregende Werkstattgeschehen bietet einen Einblick in die Materialfülle, die mögliche Arbeitsstätte, das Werkzeug und verschiedenste Hilfsmittel, unterschiedliche Techniken und nicht zuletzt handwerkliche Kniffe, denn getreu dem Motto „Handwerk hat goldenen Boden" nehmen die Fähigkeiten und Fertigkeiten handwerklicher Kompetenz eine wichtige Stellung ein.

Doch auch altbewährtes „Handwerk" darf sich nicht mit dem Reproduzieren von ewig gleichen Mustern zufrieden geben, es muss wandlungsfähig sein, muss neue Produkte erfinden und entwickeln können. Erfindungsreichtum und Fantasie, Mut zum Experiment und die Fähigkeit, Neues auszuprobieren, eigene Vorstellungen zu entwickeln und unbekannte Wege zu gehen sind also genauso gefragt.

Bei der Weiterentwicklung oder Erfindung neuer Produkte und der Umsetzung eigener Ideen ist Kreativität gefordert. Aber auch kreatives Denken und Handeln will gelernt und geübt sein. Sich auf ein Abenteuer einzulassen, dessen Ende ungewiss ist, entspricht nicht althergebrachten Verhaltensweisen, es erweitert aber den Horizont, das Vertrauen in die eigenen Fähigkeiten. Als hilfreich und anregend in diesem Sinne verstehen sich die Werkstatthefte.

Was das Werkstattheft leistet

Zusammenfassend werden mit dem Werkstattcharakter zwei Hauptaspekte bzw. Themenfelder deutlich.

1. Handwerkliches Können, Techniken, Bedingungen und Voraussetzungen, Arbeitsplatzgestaltung, Werkstatteinrichtung, Materialbearbeitung, -beschaffung und -lagerung, Werkzeugpflege und Aufbewahrung, Hilfsmitteldepot und Kleidung.

2. Kreative Fähigkeiten mit ihren Möglichkeiten „über den Tellerrand zu schauen", Einblicke in schöpferische Prozesse zu erhalten, alle Veränderungen im Entstehungsprozess eines Werkes zu verfolgen, kurz: einen Blick in die „kreative Hexenküche" zu werfen.

Der Werkstattaspekt des Heftes bietet also die Möglichkeit, die kreative Entwicklung von Produkten und deren Ausgestaltungsprozesse mühelos zu verfolgen. Durch diese anschauliche Teilhabe werden eigene Ideen angeregt und deren Verwirklichung angestoßen.

Beobachten, wie ein Werk entsteht, heißt, den ganzen Prozess von der kleinsten Idee bis zur Fertigstellung zu verfolgen. Dabei findet ein

Inhalt

Schöpfkunst aus Kinderhand	4
Der pädagogische Hintergrund	6
Ein ganzheitliches Erlebnis	8
Fachbegriffe und Ausstattung	10
Die Vorbereitungen	12
Erste Versuche	14
Der erfolgreiche Abschluss	16
Faserstoffreste verarbeiten	19
Die verschiedenen Techniken	20
Rundformen und Mandalas	22
Andrücken und Einschließen	24
Jahreszeitliche Schöpfideen	26
Weiterführende Techniken	28
Werke der eigenen Fantasie	30

ganzheitliches Erleben statt, wenn das Material in all seinen Erscheinungsformen und Eigenheiten dargestellt wird und die Möglichkeiten der Bearbeitung und Gestaltung umfassend ausgelotet werden. Diese ganzheitliche Arbeitsweise steht in angenehmem Kontrast zu den üblicherweise zerstückelten Handlungs- und Erlebniseinheiten, denen sich Erwachsene wie Kinder heutzutage meist ausgesetzt sehen. Eine Fülle von Tätigkeiten und Handlungen werden beim Gestalten vorgenommen und alle Sinne sind dabei miteinbezogen. Ein Werk entsteht durch Umformen, Verändern, Verwandeln, Abändern, Ergänzen, Verwerfen, Neukonzipieren, Konstruieren, Ansetzen, Überdenken, Analysieren ... und wenn es schließlich fertiggestellt ist, sollte auch das Begutachten und Würdigen nicht zu kurz kommen.

> Nicht das Nacharbeiten gemäß einer Vorlage oder Schablone ist das Anliegen des Heftes, sondern die vielfältigen und ungewöhnlichen Materialien. Sie bilden die Grundlage kreativen Gestaltens. Nicht nur das fertige Produkt zählt, sondern die originelle Idee oder der spontane Einfall laden zum schöpferischen Experimentieren ein.

Schöpfkunst aus Kinderhand

Eine Faszination, die Kreise zieht

Mit Kindern Papier schöpfen und dadurch kreativ werden, das ist eine Idee, die aus meiner Arbeit mit Kindern entstand und durch meine eigenen Werke bereichert wurde. Es soll ein Buch aus der Praxis für die Praxis sein. Viele Fotos vermitteln den Eindruck eines kindgerechten Angebots im Bereich des künstlerischen Gestaltens, bei dem intensives Erleben zum Ausdruck kommt.

Danken möchte ich all den Kindern und Erwachsenen, die mit mir die Begeisterung über das Papier teilen. Im Dialog mit ihnen konnte ich meiner Intuition folgend eigene kreative Wege gehen. Mein Traum ist es, die Verantwortlichen in den pädagogischen und therapeutischen Einrichtungen davon zu begeistern, das Schöpfen in ihr Bildungsangebot aufzunehmen als praktisches Anwendungsbeispiel für kreatives, schöpferisches und ganzheitliches Erleben.

Aus der Fülle schöpfen

In Hülle und Fülle stehen uns Altpapiere verschiedenster Qualitäten, Stoffreste und andere Materialien zur Gestaltung von Papier zur Verfügung. Die kreative Veredelung und gestalterische Verwandlung dieser Rohstoffe stellen für mich einen ethischen Wert dar. In Zeiten des Überflusses an Reizen und Materialien ist die Wiederverwendung von Dingen, die meist allzu schnell als wertlos betrachtet werden und in den Abfall wandern, eine sinnvolle Möglichkeit, den Blickwinkel auf die Welt zu verändern, Kreativität zu wecken sowie Spontaneität und Flexibilität zu fördern.

Aus Altem Neues machen, in den Prozess des Vergehens und Neuwerdens einzusteigen und eigene Kreationen entstehen zu lassen, ist der wesentliche Aspekt beim Papierschöpfen.

Wer hat eigentlich das Papier erfunden?

Wenn Kinder fragen: „Wie wird eigentlich Papier gemacht?", suchen wir die Spur der Papierherstellung in der Natur und stoßen auf die Wespen und Hornissen. Sie sind von Natur aus Papierhersteller. Dies veranschaulicht ein Wespenpapier und ein Wespennest. Ausgehend von der Beobachtung der Wespen, die ihr Nistmaterial Papier aus Holz gewinnen, wurde bereits im 18. Jahrhundert die Herstellung von Papier aus der Natur abgeleitet.

Dem Geheimnis der Papierherstellung kommen Kinder am besten durch eigene Erfahrungen auf die Spur. Ohne viele Vorerklärungen kann mit den Kindern begonnen werden, denn sie lernen beim Tun.

Papierschöpfen, eine alte Handwerkskunst

Das Papierschöpfen selbst ist ein altes Handwerk. Bereits vor ca. 2000 Jahren hat sich in China eine Produktionstechnik des Papierschöpfens entwickelt. Östliche und westliche Schöpftechnik unterscheiden sich voneinander. Ende des Mittelalters wurde durch die Erfindung der Buchdruckerkunst die Handpapiermacherei belebt. Vielleicht konnten Sie schon einmal eine Papiermühle besuchen, einen geschichtlichen Einblick bekommen und das traditionelle Handwerk miterleben.

Papier umgibt uns täglich

Vergegenwärtigen sie sich einmal, welchen Papieren und in welchem Umfang sie am heutigen Tag begegnet sind und was ihnen sonst noch zum Begriff PAPIER einfällt. Waren es weiße, unbeschriftete Blätter, bunt bedruckte, Kosmetik-, Geschenk-, Dekopapiere, Eierkartons oder Zeitungen? Vor Jahren schon wurde der Papierverbrauch pro Jahr auf 200 kg pro Person geschätzt. Da der Verbrauch täglich steigt, steht zum Papierschöpfen unendlich viel Material zur Verfügung. Diese Rohstoffquelle ist eine wahre Fundgrube an verschiedenen farbigen Papieren unterschiedlicher Qualität.

Ein Erlebnis für die Sinne

Das Papierschöpfen hat weit mehr Dimensionen des Erlebens als auf den ersten Blick angenommen wird. Es geht darum, den Zauber zu entdecken, der dem Papierschöpfen, dem im wahrsten Sinne des Wortes schöpfenden Gestalten und der Verarbeitung handgeschöpfter Papiere innewohnt. Der Papierrohstoff wird mit viel Wasser aufgeweicht. Das Papier in seiner alltäglichen Erscheinungsform als dünnes, aber widerstandsfähiges Blatt, das beschrieben, geschnitten und gerissen werden kann, verwandelt sich in eine geschmeidige, formbare, aber auch empfindliche Masse. Diese Umwandlung schafft ein Bewusstsein für die Natur und die Rohstoffe. Die Wahrnehmung und das kreative Sehen werden neben gezielten Tast-, Seh-, Hör- und Riecherlebnissen gefördert.

Der pädagogische Hintergrund

Papierschöpfen ist mehr als nur die bloße Anwendung einer Technik. Beim Schöpfen wird die Kreativität gefördert, durch das Integrieren verschiedener Materialien eröffnen sich viele Gestaltungs- und Entfaltungsmöglichkeiten. Mit Fantasie – und Kinder haben viel Fantasie! – entstehen am Ende des Papierschöpfprozesses bunte, vielgestaltige Objekte.

Der Weg vom Altpapier hin zum eigenen Produkt erfordert einige Arbeitsschritte konzentrierten und zielorientierten Tuns. Neben der motorischen Geschicklichkeit, der Kreativität und Abstraktionsfähigkeit wird hier also auch das Hinarbeiten auf ein Ergebnis geübt, das erst über mehrere Arbeitsschritte hin erreicht wird. Nach ersten Erfolgserlebnissen mit „einfachen" selbst geschöpften Papieren sind Kinder meist mit Feuereifer dabei, weitere und weiterführende Erfahrungen mit diesem Werkstoff zu machen.

Buchbinderei, plastisches Arbeiten, die Kombination mit Textilkunst, die Kombination von Papier und Floristik sprechen für die Faszination Papier. Immer wieder können neue Möglichkeiten und Begegnungen mit den typischen Eigenschaften des Papiers gemacht werden.

Um den tieferen Sinn und Zweck des Schöpfens zu erfassen und den pädagogischen Wert zu entdecken, möchte ich Sie einladen, den Zauber zu entdecken, der dem alten Handwerk innewohnt.

Den Werkstoff entdecken

Die Faszination Papier geschieht über die Wahrnehmung der Sinne. Durch Berührung erfassen wir die Struktur, Stärke und den „Klang". Mit der Nase unterscheiden wir Recyclingpapier von der Vielfalt der Pflanzenpapiere und deren Eigengeruch. Mit den Fingerkuppen lernen wir „sehen" und genießen beim Streichen und Glätten die Oberfläche. Papier zeigt eine eigene Physiognomie und will in seiner Sinnlichkeit erlebt werden. Sammeln Sie mit den Kindern Eigenschaften, die sie Papier zuordnen – Sie werden erstaunt sein, wie viele Assoziationen Papier hervorrufen kann.

> Papierschöpfen ist ein Fühl-, Tast-, Klang- und Riecherlebnis. Wir kommen schon beim Sammeln der Pflanzen mit der Natur, dem wässrigen Material, den Faserteilen und dem pflanzlichen Farbstoff in Kontakt.
> Beim Schöpfen aus der Fülle des zerkleinerten und zerstampften Faserstoffes bekommen wir den Eindruck, in Geheimnisse vorzudringen. Eine Weiterführung wäre es, beim Schöpfen mit Pflanzen (Gras, Blüten) zu experimentieren.

Schöpferisch tätig werden

Gestaltendes Schöpfen beinhaltet die Anwendung verschiedener Schöpftechniken, wie sie in den letzten Jahren von einigen Autorinnen und auch von mir in Papierschöpfbüchern veröffentlicht wurden. Jedoch kann das eigentliche Erlebnis nicht durch Bücher vermittelt werden. Deswegen möchte ich Sie zum Selbsttun motivieren. Über den rein technischen Ablauf und das Maß an Geschicklichkeit hinaus, das nötig ist und mit ein wenig Übung problemlos erreicht wird, ist es interessant, den Schöpfvorgang im eigenen Erleben zu erforschen.
Der aufgeschwemmte Faserstoff im warmen Wasser der Bütte, das Eintauchen des Schöpfrahmens, das vorsichtige Herausheben der Faserteile, das nasse, empfindliche Vlies als neues Produkt, das Abgautschen und Pressen, bis schließlich nach dem Trocknen ein neues Blatt Papier entstanden ist – all diese Handgriffe und Abläufe kennzeichnen einen kreativen und auch meditativen Prozess. In den Arbeitsschritten Zerkleinern, Schöpfen, Gautschen, Pressen und Trocknen entsteht ein fertiges neues Blatt. Altes wird erst aufgelöst, um Neues hervorzubringen. Dies ist ein Wandlungsprozess und eine Begegnung mit verschiedenen Elementen und eigenem Handeln. Bei den geschöpften Kreationen entsteht ein Dialog mit anderen Materialien, z. B. mit Erde, Pflanzen, Gewebe, Farben und Formen.

Ein ganzheitliches Erlebnis

Konzentriertes Tun

Beim Schöpfen mit Gruppen ist es oft unglaublich still und es entsteht eine Atmosphäre der Sammlung und Konzentration. Selbstverständlich gehören Stehen, Warten, Schauen zu den Tätigkeiten, die den Vorgang begleiten. Es entsteht wie von allein ein soziales Gruppengefühl und eine große Bereitschaft zur Hilfeleistung untereinander. Die technischen Abläufe gehen Hand in Hand.

Wie Verwandlung geschieht

Papier ist ein Wandlungsprodukt und der Verwandlung ausgesetzt. Die Pulpe, das Wasser-Faserstoff-Gemisch, wird in einem Zerstörungsprozess, den viele Kinder sehr genießen, hergestellt. Alte, unbedeutende Texte werden zermahlen und zerstampft. Daraus entsteht etwas völlig Neues. Manchmal begegnen wir noch einzelnen Wortteilen oder Buchstaben. Textstücke und alte Schriften werden Vergangenheit. Ein frisches, mehr oder weniger weißes Papier bietet Raum für neue Inhalte.

Mit Kindern schöpfen

Kinder sind durch ihre große Experimentierfreude, Neugierde und Unbefangenheit spielerisch allen Schritten der Papierverarbeitung gegenüber offen, da sie weder nutzen- noch produktorientiert werken und sehen. In ihrem Umfeld sind es die kleinen Dinge, die unscheinbaren Gegenstände, die einbezogen werden können. Diesen schöpferischen Blick für die vielen Dinge können auch Erwachsene wieder in sich entdecken. Dem Sammelsurium an Holzklötzchen, Fundstücken aus der Natur und dem Verpackungsmüll, vom Orangennetz bis zur Keksverpackung, wird so eine völlig neue Wertschätzung entgegengebracht.

Umsetzung und Anwendung der Papierschöpf-Technik

Eltern, Erzieher und alle anderen Begleitpersonen möchte ich dazu ermutigen, das Papierschöpfen als pädagogisches Handwerkszeug in das kreative Angebot für Kinder mit aufzunehmen. Als bildnerisches Mittel kann es wie das Malen zu einer wichtigen Ausdrucksform werden. Viele Kindergärten haben bereits eine Schöpfwerkstatt. Besonders im Sommer wird das nasse Arbeiten und wässrige Unternehmen zu einer attraktiven Gartenaktivität. Aber bei genügend Vorkehrungen im Raum gibt es auch als Ganzjahresangebot die Möglichkeit, sich fantasievoll, spielerisch leicht dieses alten Handwerks zu bedienen.

In Schulen kann das Schöpfen fächerübergreifend unterrichtet werden, z. B. zur Förderung des Sozialverhaltens, der Ausdauer und Konzentration, des individuellen Ausdrucks, der Kreativität und des gesunden Selbstwertgefühls. Für die pädagogische Arbeit und die Hinführung zur Kunst ist es wichtig, wie die Beziehung gestaltet und die Art und Weise der Vermittlung

dargeboten wird. So sind Intuition, Flexibilität, eigene Kreativität gute Voraussetzungen, Kinder anzuleiten.
Methodisch-didaktische Überlegungen zur Strukturierung des Arbeitsablaufs, Raum- und Arbeitsplatzgestaltung, Überlegungen zur Gruppen- und Partnerarbeit sollten vorausgehen. Begleitpersonen sollten die Technik beherrschen, sodass die Kinder in ihrem Gestaltungsprozess im Vordergrund stehen. Die Beherrschung der Schöpftechnik ist Voraussetzung, um fachmännisch Hilfestellung geben zu können. Es empfiehlt sich also vor dem gemeinsamen Schöpfen mit Kindern bereits einige Versuche gemacht und Erfahrungen gesammelt zu haben.

Ab wann können Kinder Papier schöpfen?

Kinder können bereits mit 3 Jahren spielerisch dort abgeholt werden, wo sie gerade stehen. Sie sollten mit beiden Händen selbst den Schöpfrahmen halten können. Durch Strukturierung und Gewähren von Freiraum können sie vom Spiel zur Kreativität geführt werden. Mit Unbefangenheit, Neugier, Tatendrang, Experimentierfreude, ohne Leistungsdruck und ohne Zweckgebundenheit ist es ein wunderschönes Erlebnis, zusammen mit den Kindern auf Entdeckungsreise durch Haus, Garten und Wald zu gehen, um sich vom Zauber anstecken zu lassen, der den Materialien innewohnt, die beim Arbeiten integriert werden.

Fachbegriffe und Ausstattung

Das Vokabular der Papiermacherei

Abgautschen ist das Übertragen des frisch geschöpften Papiers vom Schöpfrahmen auf den Gautschfilz.

Bütte ist die Schöpfwanne, in die die Pulpe zum Schöpfen gefüllt wird. Die Bütte soll in der Größe die Breite des Schöpfsiebs und pro Seite zusätzlich ca. 7 cm aufweisen, damit genügend Spielraum zum Schöpfen besteht.

Dickstoff ist das konzentrierte Fasermaterial zum Herstellen der Pulpe.

Glätten ist das Schließen der Poren mit einem Glättstein, einem Speckstein oder einem polierten Achat.

Leimen des getrockneten Papiers mit Pulvergelatine (erhältlich im Lebensmittelgeschäft) ist nötig, damit Tinte und Tusche beim Schreiben nicht ausfließen.

Gautschfilze sind Tücher, auf die das Papiervlies nach dem Schöpfen übertragen wird. Die Tücher können aus Filz, saugfähigem Gewebe, Windelvlies oder Wolldecken bestehen und sollen ringsum ca. 3 cm größer als das zu schöpfende Papier sein.

Papiervlies ist der frisch geschöpfte Bogen, der mit der Presse entwässert und verdichtet wird.

Pauscht ist der Stapel von Gautschfilzen mit dem dazwischen geschichteten, frisch geschöpften Papiervlies. In der Papiermacherei hat ein Pauscht das Maß von 182 Filzen, also 181 Papierbögen.

Pulpe ist die Faserstoffaufschwemmung aus Wasser mit Fasermaterial.

Schöpfform ist die gesamte Vorrichtung zum Schöpfen mit Schöpfrahmen und Deckel.

Der **Schöpfrahmen** – ein mit Draht bespannter Holzrahmen – nimmt den Faserstoff auf. Auf dem Schöpfrahmen liegt der **Deckel**. Er gibt dem frisch geschöpften Faserstoff Halt und Form. Schöpfrahmen und Deckel werden beim Schöpfen an den Schmalseiten mit den Händen fest zusammengehalten. Die Schöpfform kann fertig gekauft oder selbst hergestellt werden.

Der Arbeitsplatz

Arbeitsplatzgestaltung und Arbeitsmittel richten sich nach den jeweiligen Gegebenheiten und können so improvisiert werden, dass sich schnell eine Möglichkeit zum Schöpfen finden lässt, im Sommer im Garten oder auf dem Balkon, in der kälteren Jahreszeit im Badezimmer, Keller oder der Küche. Wichtig sind Wasser- und Stromanschluss, evtl. Verlängerungskabel und Plattenkocher, ein Tisch, Abdeckfolie, Wischlappen und ein Wasserabfluss. Den Arbeitsplatz wird mit der Bütte, dem Brett zum Abgautschen, dem Platz zum Ablegen der Filze und zum Trockenlagern der einschöpfbaren Materialien so eingerichtet, dass genügend Bewegungsfreiheit entsteht. Ideal ist, auf einem Nebentisch Material zum Einschöpfen vorzurichten.

Die Höhe von Tisch mit Bütte sollte auf die Körpergröße abgestimmt sein. Kinder schöpfen auch gerne direkt am Boden, kniend vor der Wanne.

Material und Geräte

1. Altpapier, in 3 bis 5 cm große Stücke gerissen. Geeignet sind unterschiedlichste Papiersorten wie Schreibmaschinenpapier, Papierfruchtschalen, Tonpapier, bunte Flugblätter, Zeichenpapier, Geschenkpapier, Zeitungspapier und Servietten.
2. Mixer bzw. Handrührgerät mit Pürierstab zum Zerkleinern des über Nacht in Wasser eingeweichten Rohmaterials.
3. Papierschöpfrahmen, evtl. in verschiedenen Größen und Grundformen, selbst gebaut oder gekauft. Geeignet ist auch ein Pfannen-Spritzschutz.
4. Schöpfbütte (in Form einer Wanne oder Schüssel), einige Eimer und kleinere Behälter.
5. Kugelsiebe zum Abfiltern.
6. Flache Schalen oder Backbleche.
7. Filze, saugfähige Tücher oder alte Handtücher, Windelvliese.
8. Presse oder Pressbretter mit Schraubzwingen, Gewichte in Form von Steinplatten oder Personenpresse (eine Person stellt sich auf das Brett über dem Pauscht und presst mit ihrem Körpergewicht das Wasser heraus).
9. Materialien zum Einschöpfen (Blüten, Fäden, kleine Bildchen etc.).
10. Plastikfolie zum Abdecken von Tisch und Boden.
11. Wäscheständer mit Wäscheklammern zum Aufhängen und Trocknen der Papiervliese.
12. Zeitungspapier zum Abnehmen der Papiere von den Gautschfilzen, falls das Papier liegend getrocknet wird.
13. Schöpflöffel zum Umrühren in der Bütte.
14. Schere und Zeichenmaterial.

Für das Papierschöpfen stehen nicht nur Altpapiere als unerschöpfliche Rohstoffquelle zur Verfügung, sondern auch Stoffreste, Borten, Stick- und Häkelgarne, Knöpfe, Muscheln und andere Fundstücke. Blüten, Fasern, Gräser, Früchte wahrzunehmen, von ihnen die Ideenfindung abzuleiten und sie wiederum in die Kombination mit einzubeziehen, ist eine erfüllende Beschäftigung.

Für das Gestalten von Recyclingpapier

Zum Einschöpfen, Einschließen, Abdrücken und farblichen Gestalten können unter anderem verwendet werden: Spitzer- und Locherabfälle, Liedblätter, gezeichnete oder gedruckte Bilder, Stoff- und Fadenreste, Tortenspitzen, Stoffspitzen, Stoff- und Webreste, Schnüre, Bänder, gepresste und frische Blumen, transparente Stoffe und Netzgewebe.

Für das Gestalten von Bildern, Karten, Mappen, Gefäßen, kleinen Büchern

Nähgarn, Näh- oder Stopfnadel, Lineal, Bleistift, Goldfaden, Plakatfarbe Tamma-Bronze, Deckweiß, Deckfarben, Pastellkreide oder Erdfarbe, Draht, Borten, Knöpfe und Schnallen aller Art, Federhalter, Tusche, Kordel, Muscheln, Federn, Pailletten, Schere, Klebstoff, gepresste Blumen, Papier und Karten aller Art. Diese Liste ist nach Bedarf und Belieben erweiterbar.

Die Vorbereitungen

Der Arbeitsort

Bei schönem Wetter im Freien zu arbeiten und nicht auf die Kleider, einen Teppich oder beengte Platzverhältnisse Rücksicht nehmen zu müssen, sind ideale Voraussetzungen fürs Papierschöpfen. Doch auch in kleineren Räumen kann mit ein bisschen Geschick und durchdachter Vorbereitung ein unbeeinträchtigtes Schöpferlebnis stattfinden. Mit Folien werden Boden und Tisch abgedeckt, die Kinder selber schützen ihre Kleidung mit Regenjacken oder -überwürfen, und die Geräte und Materialien werden so verteilt, dass ein reibungsloses Arbeiten möglich ist.

Vorbereitungen zum Schöpfen

Mit dem Aussortieren und Ordnen von Altpapier nach bestimmten Farben und Qualitäten beginnt bereits der schöpferische Prozess. Das Papier wird in 3 bis 5 Zentimeter große Stücke gerissen oder geschnitten. Wichtig: Das zerkleinerte Altpapier muss am Vortag oder zumindest einige Stunden vor dem Schöpfen in heißem Wasser eingeweicht werden. Fremdstoffe wie Alu, Kunststoffbeschichtungen, Klebestreifen oder Heftklammern sollten nicht in die Bütte gelangen und werden schon vor dem Einweichen der Papierschnipsel aussortiert.

Ein Mixer, der gekaufte oder selbst gebastelte Schöpfrahmen, Siebe, Tücher, Folien zum Unterlegen und natürlich eine Plastikwanne als Bütte sowie ein Schöpflöffel liegen bereit.
Das eingeweichte Altpapier wird in kleinen Portionen mit dem Pürierstab des Handrührgeräts (ca. 1/2 l Wasser auf eine Handvoll Papier) zerkleinert. Etwa 250 g Altpapier ergeben auf diese Weise 10 l Dickstoff. Diese Schöpfmasse wird auch Pulpe genannt.

> Bevor das schöpferische Arbeiten beginnen kann, müssen für die folgenden Arbeitsschritte alle Vorbereitungen getroffen sein. Vom Abgautschen über das Pressen bis hin zum Trocknen liegen Gerätschaften und Hilfsmittel bereit.

Ist der Arbeitstisch mit Plastikfolie abgedeckt, so kann mit dieser Folie eine Rinne geformt werden, die das Abtropfwasser in einen Eimer lenkt. Mit geschickt konstruierten Vorrichtungen ist es möglich, den Fußboden im Raum trocken zu halten.
Um auch auf kleinstem Raum bzw. im Zimmer ohne Überschwemmung schöpfen zu können, ist es sinnvoll, mit kleinen Schöpfrahmen zu schöpfen und auch zum Abgautschen eine Abtropfvorrichtung zu konstruieren, die das abfließende Wasser auffängt. Dabei wird das Abgautschbrett auf einen Sockel von Holzklötzchen, z. B. auf ein Backblech, gestellt, welches als Auffangwanne dient.

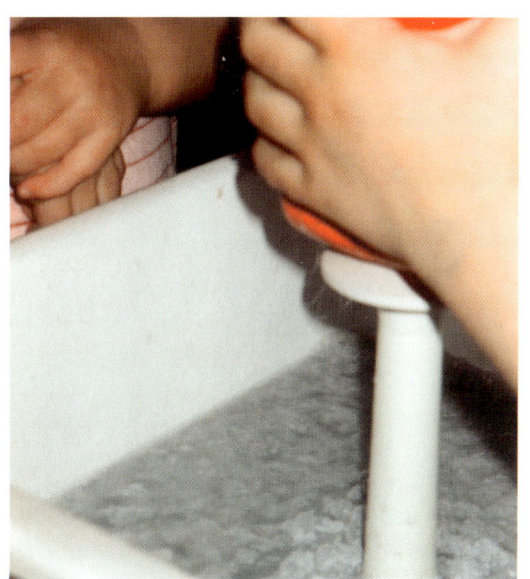

Erste Versuche

Das Schöpfen

Was passiert eigentlich beim Schöpfen? Durch die rhythmische Bewegung im Wasser verfilzen die Papierfasern ineinander. Sie werden mit dem Schöpfrahmen herausgehoben, das Wasser läuft durch das Gitter des Rahmens ab, und beim anschließenden Pressen und Trocknen verdichten sich die Fasern und werden zu einer Fläche zusammengefügt. Seit alters her galt es bei der Papierherstellung, eine beschreibbare Fläche anzufertigen.

Durch die Bewegung im Wasser werden eigene Bildideen hervorgerufen, Gedanken kommen in Bewegung, Kreativität kommt in Fluss. Manchmal ist es eine gezielte Gestaltung und Einarbeitung von Materialien, manchmal entstehen Papiere auch spontan und durch die Kombination verschiedenartiger Techniken. Bedingt durch die Größe des Schöpfrahmens, der dem Papier Grenze und Halt gibt, erhält das Papier seine Form. Innerhalb des Schöpfrahmens ist Raum, frei zu gestalten. Wir können aber auch bewusst über den Rahmen hinausgehen und die rechteckige Form verlassen.

> Nach einigen Schöpfvorgängen geht die Technik wie von selbst von der Hand und eine Idee nach der anderen zeigt sich in verschiedenen Gestaltungsmöglichkeiten.

Wer mit allen Sinnen beim Schöpfen offen ist, wird z. B. entdecken, dass sich ein eigener Rhythmus einstellt, eine schöpfende Bewegung, die entspannt. Auch das Eintauchen in eine handwarme Bütte wird als wohltuend empfunden. Das leise Tröpfeln beim Herausheben und Abtropfen des frischen Papiervlieses erinnert daran, dass Zeit und Ausdauer die Voraussetzungen dazu sind, eigene Ideen entstehen zu lassen und gestaltend umzusetzen. Schöpfergebnisse werden zu Erfolgserlebnissen und nehmen die Angst vor Fehlern. Zufall und Absicht spielen dabei miteinander. Wie ein Zauber wohnt dem Schöpfvorgang die ständige Wandelbarkeit inne. Bei der unendlichen Gestaltungsvielfalt sind wir immer neu zum Entdecken und Verbessern technischer Möglichkeiten eingeladen. Im Umgang mit den „sinnlichen"

Materialien, die einen starken Aufforderungscharakter haben, werden Sie und die Kinder viele neue Wege finden, um schöne, individuelle Objekte zu schaffen. Meine Beispiele sollen nicht die Nachahmung fördern, sondern die eigene Kreativität anregen. Die Kinder werden die beglückende und motivierende Erfahrung machen, selbst kreativ und schöpferisch etwas gestaltet zu haben. Der Vorbehalt vieler Menschen, selbst nicht kreativ genug zu sein, um eigenständig etwas Schönes hervorzubringen, wird sich bei diesem Material sicherlich schnell in eine positive Gegenerfahrung umkehren.

Der spannende Moment ist gekommen, wenn mit einem „Plup" das tropfnasse Papier aus der Bütte gehoben wird. So schnell geht das plötzlich!

Der erfolgreiche Abschluss

Zusammenfassend noch einmal die wichtigsten Handgriffe:

Zum Schöpfen wird Dickstoff in die Wanne gefüllt und zusammen mit handwarmem Wasser, welches ungefähr in der dreifachen Menge hinzugefügt wird, umgerührt. Die Filze (Tücher od. Windelvliese) sollen angefeuchtet bereitliegen und neben der Wanne sollte das untere Pressbrett zum Abgautschen bereitgelegt sein.

Vor dem Schöpfen sollte der Faserstoff umgerührt werden. In diese Faserstoffaufschwemmung tauchen wir die Schöpfform, die mit beiden Händen an den Schmalseiten zusammengehalten wird, senkrecht ein. Dann wird in der waagerechten Haltung in der Bütte der Rahmen leicht hin und her geschüttelt. Nun wird das frisch geschöpfte Papiervlies aus dem Wasser gehoben, abtropfen gelassen und auf einen Filz abgegautscht.

Das Abgautschen

Immer wieder werden glatt ausgeschüttelte und ausgebreitete Vliese auf das geschöpfte Papier aufgelegt und somit der Pauscht aufgebaut. Dies gelingt besonders gut in partnerschaftlicher Zusammenarbeit.

Unter Abgautschen wird in der Fachsprache das Übertragen des frisch geschöpften Papieres vom Schöpfrahmen auf den Gautschfilz verstanden. So werden nach und nach Papiere zwischen Filzen bzw. Windelvliesen aufgebaut. Es entsteht ein Stapel, den man Pauscht nennt. Wird dieser Aufbau zu rund, sollte er durch Tücher rundherum ausgeglichen werden. Da Windelvliese wenig Saugfähigkeit haben, können zwischendurch saugfähigere Tücher eingelegt werden.

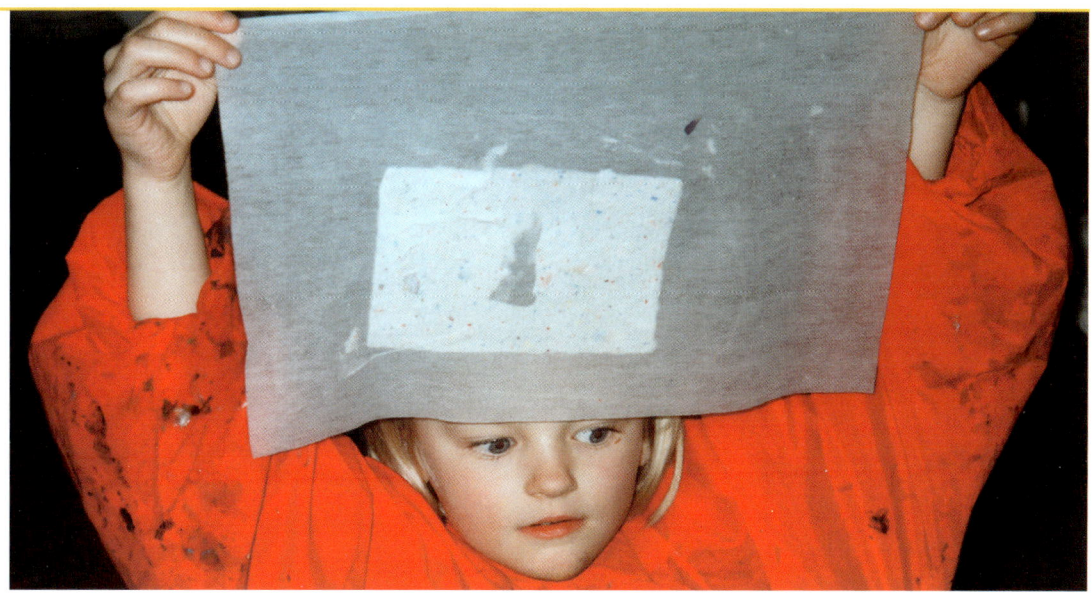

Das Pressen

Das geschöpfte und abgegautschte Papier wird zwischen zwei Pressbrettern gepresst. Um das abfließende Wasser aufzufangen, kann eine Wanne als Auffangbecken benutzt werden. Man kann aber auch den ganzen Pauscht (die aufgeschichteten Papiervliese, zwischen denen Filzen bzw. Windelvliese liegen) in die Dusche stellen. Zum Pressen wird ein zweites Brett in der entsprechenden Größe benutzt. Ein Kind oder auch zwei Kinder können sich auf das obere Brett stellen und vorsichtig wippende Bewegungen ausführen. Dadurch wird das Wasser aus den frisch geschöpften Papierseiten in die Zwischenlagen gepresst. Dieses Pressen auf der Personenpresse macht Spaß und die Kinder können sich abwechseln. Um nicht auszurutschen, ist es schön, wenn genügend außenstehende Helfer stützend und haltend darum herum stehen. Nach dem Pressen kann der Pauscht aufgelöst werden und die Papierseiten werden zum Trocknen aufgehängt oder ausgelegt.

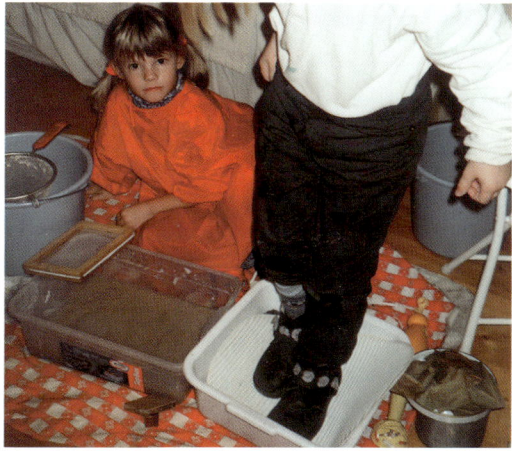

Das Trocknen der Papiere

Nach dem Pressen werden die geschöpften Blätter, die an den Windelvliesen haften, mit Wäscheklammern auf einen Wäscheständer gehängt. Danach werden die Papiere vorsichtig abgezogen. Sie erhalten bei diesem Trockenvorgang eine glatte Oberfläche. Wenn auf Filze oder grob strukturierte Handtücher abgegautscht wurde, kann das Papiervlies vorsichtig abgenommen werden. Es wird anschließend auf Zeitungspapier gelegt, leicht angedrückt und kann flach ausgelegt getrocknet werden. Die im Wind getrockneten Papiere werden vorsichtig vom Windelvlies bzw. vom Zeitungspapier abgelöst.

Nach dem Trocknen werden die Papiere erneut aufeinander gelegt und mit einem Gewicht gepresst, sodass ihre Oberfläche glatt genug wird, um sie zu bemalen. Sie können aber auch vorsichtig mit nur leichter Hitze gebügelt werden.

Nach der Schöpfaktion

Das Aufräumen und Putzen von Schöpfgeräten, Filz und Wannen gehört ebenfalls zum Papierschöpfen und kann mit Gießkanne, Gartenschlauch und Bürste spaßbetont und spielerisch gestaltet werden. Wenn die benötigten Geräte gereinigt sind, werden sie an der Luft getrocknet.
Die abgefilterte Restbütte kann zu kleinen Klümpchen geformt werden, um sie bei einem neuen Schöpfvorgang erneut einzuweichen und zu pürieren.

Faserstoffreste verarbeiten

Gefäße und Plastiken aus gepresstem Papierfaserstoff

Das Einpressen des entwässerten Dickstoffs bietet ohne Verwendung von Kleister die Möglichkeit der Gefäßherstellung, doppelseitig, mit oder ohne Deckel oder mit eingearbeitetem Gitternetz als Fenster. In Seifenläden oder in Haushaltsgeschäften lassen sich verschiedene glattwandige Seifen- und Back-Förmchen finden. Durch Bemalen, Einfüllen von Blütendüften oder als geheimnisvolle Verpackung finden diese Gefäße ihre Verwendung. Mit dieser Technik entstandene flache Reliefs können auch gut auf Karten aufgeklebt werden.

Nach dem Schöpfen wird die Bütte gereinigt und der restliche Faserstoff durch Siebe abgefiltert. Wenn mit mehreren Bütten für verschiedenfarbige Papiere gearbeitet wurde, können die Faserbreireste in verschiedenen kleinen Sieben getrocknet, zu kleinen Klümpchen geformt und für das nächste Papierschöpfen beiseite gelegt werden oder sie können zu großen, bunten Papierkugeln zusammengefügt werden. Aus dem Restfaserstoff lassen sich aber auch Schalen herstellen. Dazu wird ein Salatsieb mit Windelvlies ausgelegt und anschließend mit dem Restfaserstoff in beliebiger Dicke ausgekleidet. Der Faserbrei kann wegen des Vlieses nicht durch die Löcher des Siebes tropfen und nicht festkleben, trocknet aber relativ rasch.

Ansonsten lassen sich abgefilterte Büttenreste in allerlei Formen pressen und zu dreidimensionalen Objekten trocknen.

Verschiedene Hohlformen, die es zum Wachs- und Schokoladegießen gibt, oder leere Adventskalender eignen sich zum Einpressen von Dickstoff. Verschiedene Motive können so aus Papier hergestellt und als Dekoration auf Spanschachteln, Geschenkanhänger und Karten als Relief verwendet werden. Die auf diese Weise entstandenen Objekte können weiter bemalt oder verziert werden (siehe Weiterführende Techniken ab Seite 28).

In ein kleines Plastiksieb gegossene Pulpe wird durch sanften Fingerdruck entwässert und in die Förmchen gedrückt. Farbgestaltung ist durch unterschiedliche Dickstofffarben möglich. Das Papier sollte nicht ganz fest ausgedrückt werden, da es sonst leicht auseinander fällt. Besser ist es, überschüssiges Wasser absetzen zu lassen und mit einem Schwamm oder Papiertuch abzusaugen. An einem warmen Platz trocknet das Objekt in 1 bis 3 Tagen in der Form so aus, dass es sich mühelos herausziehen lässt.

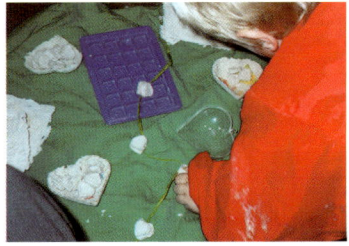

Die verschiedenen Techniken

Das Besondere am handgeschöpften Papier ist, dass es bereits in der Bütte durch die Anwendung verschiedener Schöpftechniken künstlerisch gestaltet werden kann. Papierschöpfen bedeutet also schon in diesem Stadium schöpfende Papiergestaltung.

Im Unterschied zu den Gestaltungsvarianten, die bereits in der Bütte stattfinden, wird bei der Bearbeitung trockener, fertig geschöpfter Papiere ein ganz neuer Gestaltungsvorgang, z. B. durch Bemalen, Beweben Besticken und Falten, begonnen. Dazu mehr ab Seite 28.

Schöpfendes Gestalten mit verschiedenen Farben

Stehen verschiedenfarbig sortierte Altpapiere zur Verfügung, so ist es zum experimentellen Arbeiten nützlich, verschiedene Papierfaserstoffe daraus herzustellen. In Messbechern zum Gießen, in kleinen Wannen zum Schöpfen kleiner Formate in geeigneter Reichweite platziert, bieten sich ergänzende Materialvorräte dazu an, spontan zu arbeiten. So können auf ein geschöpftes Papier Faserstoffe in anderen Farben aufgespritzt, gekleckst, gelöffelt und gegossen werden.

Aus Gelb und Blau kann Grün werden! Beim Schöpfen aus verschiedenfarbigen Bütten kann gemischt, gekleckert, wieder eingetaucht und verschüttelt werden. Das bunte Farbenspiel lässt Papiere wie Landschaften vom Himmel aus betrachtet entstehen.

Papiere mit marmoriertem Farbeffekt

Wird dagegen direkt in die Bütte Pulpe in verschiedenen Farben gegossen, so wird durch das Herausfischen unterschiedlich farbiger Faserteile während des Schöpfvorgangs ein marmorähnlich gefärbtes Gebilde herausgehoben. Die Faserteile wirken gesprenkelt und vermischen sich nach mehreren Schöpfgängen gleichmäßig miteinander.

Papier mit Aquarellcharakter

Papier mit Aquarellcharakter erhalten wir durch Einschöpfen von Krepppapier und Seidenpapier, das stark abfärbt. Beispielsweise werden Papierschnipsel, Girlandenteile, Tischdekorationen, etwa so genannte „Hexentreppen", in das nasse, geschöpfte Papiervlies eingelegt.

Das eingelegte Material wird integriert und gibt seine Farbe ab. Nach dem Trocknen können Teile davon wie ein Schleier herausgezogen werden, das ist ein zusätzliches Gestaltungselement. Es bleibt von der bunten Farbe nach dem Trocknen oft nur ein zarter Hauch.

Die Einschöpftechnik

In Kombination mit Tortendeckchen entstehen feine Papiere, die sich auch gut zur Herstellung von Gefäßen eignen (siehe Seite 19). Geometrische Farbabdrücke erhalten wir, wenn geometrische Tonpapierstücke nach dem Abgautschen aufgelegt werden, sie hinterlassen einen intensiven Farbabdruck.

Dies ist die am häufigsten benutzte Technik, denn es lässt sich damit ohne Klebstoff Material integrieren. Kleine Fasern, Wollmuster, Glimmer, Konfetti, Spitzerabfall, kleine Bildchen, Blüten und Blätter können eingestreut werden. Wichtig dabei ist, dass die Pulpe die Ränder der Materialien umschließt. Durch leichtes Andrücken im Schöpfrahmen kann diesem Integrationsvorgang nachgeholfen werden.

Eine schöne Wirkung wird erzielt, wenn in ein helles, einfarbiges Papiervlies ein einzelnes, stark farbiges Buntpapier eingelegt wird.

Die Möglichkeit, mit Fäden spontan zu „zeichnen", erlaubt es, ganze Bildergeschichten darzustellen. Wollmusterkarten sowie Strick- und Häkelmuster stellen eine wahre Fundgrube an Ausgangsmaterial dafür dar.

> Werden stark färbende Papiere eingeschöpft, so ist beim Abgautschen Vorsicht geboten. Die Filze werden nämlich bunt eingefärbt und geben die Farbe nach unten weiter. Um weiter unten liegende Papiere zu schützen, kann eine Plastiktrennschicht in den Pauscht eingelegt werden.

Rundformen und Mandalas

Das Rundschöpfen

Runde Papiere lassen sich mit einem ganz gewöhnlichen Pfannen-Spritzschutz aus der Bütte schöpfen. Die nasse Papiermasse kann, wie beim Belegen einer Pizza, mit Zwiebelschalen, Knoblauchschalen, Kräutern und Blüten fantasievoll belegt werden. Dies macht Kindern besonders viel Spaß. Das verzierte Papier wird mit 2 Windelvliesen bedeckt und das Wasser mit einem schweren Wellholz vorsichtig herausgepresst. Anschließend wird das rundgeschöpfte Papier auf die übliche Weise gegautscht, gepresst und getrocknet. Als rundes Bild oder zum Falten und Gestalten eines Briefumschlages hat diese Form ihren besonderen Reiz. Es bietet sich daher an, mithilfe eines Tellers ein flaches Gefäß mit Rand zu formen.

Durch das Zusetzen von Gewürzen, Düften und die Anordnung von Naturmaterial, Zwiebelschalen und anderem entsteht die Assoziation zum Zubereiten von Speisen, fast wie beim Belegen einer Pizza.

Von Kindern erstellte Zeichnungen können als Vorlage für gezielt eingeschöpfte Bildideen dienen. Auf einem separat liegenden Blatt wird an einem trockenen Platz die gewünschte Form aus Schnipseln und Fäden vorgelegt, um dann ins Nasse übertragen zu werden. Mit der gleichen Spontaneität, wie Kinderzeichnungen Gestalt annehmen, kann auch direkt mit Fäden auf die Papiermasse „gezeichnet" werden. Sonne, Häuser, Bäume und vieles mehr kann mit kindlicher Selbstverständlichkeit schöpfend integriert werden.

Mandalas gestalten

Das Wort Mandala bedeutet Kreis und ist als Meditationszeichen zu verstehen. Diese Form begegnet uns z. B. in Fensterrosen mittelalterlicher Kirchen. Bestimmt konnten schon einige Kinder beim Ausmalen von Mandalas eine wohltuende Stille erfahren. Auch beim schöpfenden Gestalten können Mandala-Kreisbilder entstehen. Dabei kann beispielsweise konzentrisch um eine betonte Mitte herum zugeschnittener Stoff, ein rundgestrickter Ring aus Mohairgarn, kleine zugeschnittene Stoffstücke oder andere Materialien angeordnet und eingeschöpft werden. Auf diese Weise entstehen Rosetten und Radbilder. Diese einfache Art der Gestaltung kann zu einer Meditation werden, die zur Ruhe, Entspannung und erfüllten Stille führt. Stück für Stück wächst dabei die Mandalagestalt. Es können auch Stellen offen bleiben. Widersprüchliche Kräfte von Auseinanderstreben und Sammlung kommen dabei zum Wirken. Die Gestaltung der Bilder kann aus einem meditativen Umgang erfolgen. Sie können uns in der Tiefe ansprechen und ein Ruhepunkt für Auge und Herz werden.

Einfache Bücher

Eine Schöpfidee, die weiterführt und mit älteren Kindern umgesetzt werden kann, ist das Gestalten einer Bildergeschichte und die Herstellung eines Bilderbuchs. Mit den zur Verfügung stehenden Materialien werden Szenen gestaltet und eingeschöpft, die dann zu einer Bilderfolge arrangiert werden können. Mit einer Kordel lassen sich die gelochten Seiten zusammenbinden, und schon ist ein kleines Buch entstanden.

Eingeschöpfte Materialien können nach dem Trocknen auch wieder entfernt werden. Grobe Strick- und Webmuster hinterlassen so interessante Spuren, die durch nachträgliches Einfärben besser sichtbar werden.

Papierformen integrieren

Im Klappschnitt zugeschnittene Papiere, die sich farblich deutlich vom geschöpften Papier abheben, lassen sich gut integrieren. Sie werden in das frisch geschöpfte Papier eingelegt. Auf diese Weise können auch bunte Collagen gelegt werden.

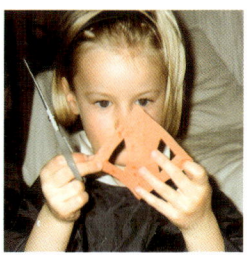 

Andrücken und Einschließen

Die Abdrucktechnik

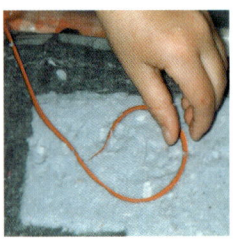

Bei dieser Technik wird zunächst ein einfarbiges Papier geschöpft und abgegautscht. Auf diesem Untergrund kann der Abdruck besonders klar zur Geltung kommen. Zum Abdrücken werden vor dem Pressvorgang verschiedene, nicht rostende Materialien auf das frisch geschöpfte Papier gelegt, deren Abdruck sichtbar wird, sobald nach dem Trocknen die eingelegten Teile herausgenommen werden. Da dicke Abdruckmaterialien eine Unebenheit im gesamten Pauscht bedeuten würden, sollte mit Tüchern, Schaumstoff und dicken Filzen ausgleichend gepolstert werden. Materialien, die sich für die Abdrucktechnik eignen, finden sich in jedem Haushalt. Von der Duschmatte bis zu Einkochgummis über nichtrostende Büroklammern bis zu groben Geweben aus Jute, Seide, Leinen und Kordeln, Strick- und Häkelmuster, Gräser, Ähren, Ranken und Blätter kann beliebig viel ausprobiert werden.
So wird vielleicht ein Gummi, eine Kordel, eine Schnur, die sich kringelt, zu einer Schnecke, einem Kreis, einer Acht, einem Notenschlüssel oder einfach zu einer Schlange.

Die Einschlusstechnik

Ähnlich wie die Abdrucktechnik funktioniert die Einschlusstechnik. Wie das Wort schon sagt, wird dabei Material eingeschlossen. Es werden zwei Blätter aufeinander gegautscht, die sich

verbinden und ein zwischen ihnen eingelegtes Materialteil integrieren. Dieses bleibt nach dem Trocknen zwischen den Papierlagen und zeigt eine leichte Erhebung. Wie in ein Sandwich kann zum Beispiel eine aus Schaumstoff ausgeschnittene Gans eingeschlossen werden. Sie bleibt schön dick und erhaben, da sich Schaumgummi zusammenpressen lässt, sich aber auch wieder ausdehnt, wenn das Papier trocknet. Mit einem kleinen Schnitt ins Papier kann die Gänseform auch wieder herausgeholt und erneut verwendet werden.

Einstickblätter

Ebenfalls mit der Einschlusstechnik wird gearbeitet, um Stickblätter herzustellen. Dazu wird Gittermaterial zwischen die beiden Papierlagen eingelegt. Dieses doppelte Papier hat die geeignete Stabilität, den Stichen Halt zu geben. Mit einer spitzen Sticknadel sollten die Löcher des geplanten

Musters vorgestochen werden. Auch Kinderzeichnungen können Grundlage einer freien kreativen Arbeit sein. In freier Stickerei oder nach vorgegebenem Zählmuster entstehen so Stickbilder, die sich auch mit der Maschine besticken lassen.

Das Schöpfen von Passepartouts

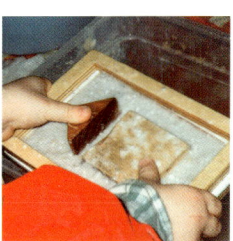

Es ist möglich, während des Schöpfens Flächen im Papier auszusparen. Dazu werden feste Körper aus Plastik, Blech oder Holz benötigt, die während des Schöpfens fest auf das Sieb gedrückt werden. Um eine klare Kontur zu bekommen, darf kein Fasermaterial auf die abgedeckte Stelle fließen. Vorsicht beim Herausnehmen, der zarte Rand wird sonst zerstört.

Mit ein bisschen Geschick gelingt es, mit flach aufliegenden Holzklötzchen Flächen im Papier auszusparen. Wer bereits ein Gitternetz aus Altmaterial vorbereitet hat, kann dies in die nasse Pulpe eindrücken. Auch transparente Stoffe halten ganz ohne Klebstoff, wenn man sie schnell einarbeitet. Es ist ratsam, dicke Papiere zu schöpfen,

damit sich der Faserbrei schön um die Ränder des Stoffes legt!

Vielleicht sind in der Spielecke noch andere massive Figuren (Tiere, Autos, Bäume usw.) zu finden. Auch Deckel, Ausstechförmchen oder Puzzleteile sind geeignet.

Auch große Passepartouts, die zum Umrahmen von Fotos oder Bildern geeignet sind, lassen sich auf diese Weise herstellen. Im nächsten Schritt können diese Passepartouts durch Bemalen oder Bekleben weiterbearbeitet und verschönert werden, bevor sie ein Bild als Rahmen schmücken.

Ein besonderes Geschicklichkeitsspiel

Mit ein bisschen Geschick und Übung gelingt es den Kindern, die Formen auf dem Gitter gut festzuhalten, den Schöpfrahmen einzutauchen, das Wasser geduldig abtropfen zu lassen, die Formen vorsichtig abzunehmen, das frische Papiervlies abzugautschen und später wieder vorsichtig das Vlies abzuziehen.

Jahreszeitliche Schöpfideen

Das Papierschöpfen kann während des ganzen Jahres zum Mittel kreativer Ausdruckskraft werden. Die über das Jahr verteilten Feste und Ereignisse bieten sich thematisch dazu an. Einige Gestaltungsideen sollen hier beispielhaft dargestellt werden.

Mit dem Herbstwind auf Reise

Blätter faszinieren durch ihre Vielfältigkeit in Farbe und Form. Die von den Kindern gesammelten und zum Schöpfen in der Abdrucktechnik verwendeten Herbstblätter hinterlassen mit ihren Rippen und Rändern feine Eindrücke im Papier. Manche Blätter, etwa die gerbsäurehaltigen Blätter der Kastanie, färben die Pulpe sogar Orange ein. Getrocknete Blätter werden zerrieben und direkt in die Bütte eingestreut, sodass sie beim Schöpfen mit herausgenommen werden. Blattstiele können separat bereitgelegt und zur Ausgestaltung von Passepartouts aufgeklebt werden.

Es weihnachtet sehr

Entwässerte Restpulpe kann in Schneemann-Backformen gepresst (siehe Arbeitsbeschreibung auf Seite 19) und in Kombination mit Filz nach dem Trocknen zu dekorativen Schneemännern ausgestaltet werden.

Auch mithilfe anderer Backformen und etwas goldener und silberner Farbe lassen sich weihnachtliche Schmuckstücke aus Faserstoff herstellen.

Auch auf Rindenstücke, die gemeinsam gesammelt wurden, kann die ausgepresste Papiermasse gedrückt werden. So lassen sich beispielsweise Engel und Schneemänner gestalten, die nach dem Trocknen weiter ausgeschmückt und bemalt werden können und schließlich den

Weihnachtsbaum oder weihnachtliches Tannengrün schmücken.

Österliches Schöpfen

Aus selbst geschöpftem Papier entstehen schöne Osterschalen (siehe Rundschöpfen auf Seite 22), die weiter ausgestaltet mit bemalten Ostereiern bestückt werden.

Gekochte oder ausgeblasene Eier können mit frisch gepressten, feuchten Papierlagen vorsichtig umhüllt werden. Sie lassen sich mit wasserlöslichen Stiften noch in nassem Zustand bemalen und so entstehen abwechslungsreiche und fantasievolle Muster.

Flache Hasen- oder Lammformen werden verwendet, um mit der Abdrucktechnik (siehe Seite 24) österliche Motive dreidimensional in ein frisch geschöpftes Papier zu übertragen. Ebenfalls mit nassem Papier können Häschen und weitere Formen geprägt werden (siehe Seite 29).

Auch ausgeschnittene Serviettenmotive lassen sich schöpfend integrieren. Nach dem Ausschneiden des Motivs werden die Serviettenschichten getrennt und nur die oberste bedruckte Schicht wird auf das frisch geschöpfte Papier gelegt.

Weiterführende Techniken

In Ergänzung zu den bisherigen Gestaltungsideen selbst geschöpfter Papiere, die schon während des Schöpfvorgangs umgesetzt werden, gibt es eine Fülle von Möglichkeiten bei der Verarbeitung getrockneter handgeschöpfter Papiere.
In einer selbst bemalten Sammelmappe können die geschöpften Papiere nach dem Trocknen aufbewahrt werden und zu einem späteren Zeitpunkt Verwendung finden oder weiter ausgestaltet werden.

Die Weiterverarbeitungswerkstatt

Oft entsteht in einer späteren Arbeitsphase, lange nach dem Trocknen, beim Hervornehmen interessanter Papiere eine Idee. Hierbei kann das Papier zum Bildträger werden. Es kann bemalt, beklebt, bestickt und genäht werden. Letztendlich ist es das direkte schöpfende Gestalten und die Integrationsmöglichkeit von Materialien, die Struktur und Farbe, die das Wesen handgeschöpfter Papiere ausmacht.
Grundsätzlich können Objekte gefertigt werden, wie es auch sonst in Kindergarten und Schule mit Papier geschieht, allerdings zeichnet sich handgeschöpftes Papier mit seinem individuellen, dem Papier innewohnenden Charakter, der Struktur und Oberflächenbeschaffenheit, die zum Berühren und zur reichen Sinneserfahrung einlädt, aus und ist eine besondere Kostbarkeit. Mit Farbe, Perlen, Locher, Stempel, Draht, Bast, Garn, Klebstoff, Muscheln und vielem mehr kann das geschöpfte und getrocknete Papier weiterbearbeitet werden. Es entstehen dabei Karten, Collagen, Bücher und Objekte.

Das Bemalen der Papiere

Handgeschöpftes Papier mit seiner besonderen Struktur, seiner rauen oder geglätteten Oberfläche und der schnellen Saugfähigkeit kann auf verschiedene Weise bemalt werden. Geeignet sind Wasserfarben mit Deckweiß, Wachsmalstifte, Pastellkreiden, Erdfarben und Farbpigmente, die in die Oberfläche eingerieben werden können. Je nach Dicke und Festigkeit kann die eine oder andere Gestaltungsart gewählt werden. Dünnes Papier kann bei zu viel Wasserauftrag Löcher bekommen. Auch mit Fäden können wir „zeichnen". Es macht Spaß, mit der Hand oder der Maschine Zierstiche in das Papier zu sticken. Ein Goldfaden veredelt das Papier ebenso wie ein Messing- oder Silberdraht.

Papier wird seit alters her als Schriftträger benutzt. Vor der Schulreife wird das Interesse am Schreiben aufgegriffen, was natürlich auf dem eigenen geschöpften Blatt noch mehr Spaß macht. Geeignet dazu sind Wachskreiden, wasservermalbare Stifte und Kreide.

Das Prägen von Papier

Ähnlich wie bei der Abdrucktechnik (Seite 24)

wird beim Papierprägen vorgegangen. Da sich dicke Holzstempel nicht in einen Pauscht einlegen lassen und beim Pressen das Papier eher zerreißen würden, kann aus der Hand heraus mit Fingerspitzengefühl ein Muster geprägt werden, wobei das Papier vorsichtig über einen „Prägestock", also eine erhabene Form gezogen wird. Noch feuchte Papiere sind dazu am besten geeignet. Sind aber aus zeitlichen oder oganisatorischen Gründen die Papiere getrocknet, lassen sich diese wieder nass machen. Nachträglich kann mit einem Wäschesprenger vorsichtig Papier nass gemacht und geprägt werden. Ton-, Holz-, Metall- und Moosgummi-Stempelformen sind dazu geeignet.

Das Einweben von Papier

Als Form des gestaltenden Webens können bunte Papierstreifen in das selbst geschöpfte Papier eingewebt werden. Dazu werden die Papiere zunächst eingeschnitten. Das geht am besten im Faltschnitt, der anschließend aufgeklappt wird. Zum Beweben werden bunt angemalte Papierstreifen verwendet.

Werke der eigenen Fantasie

Die Präsentation der Werke

Handgeschöpfte Bilder und Objekte wirken besonders gut, wenn sie mit Nylonfäden oder Draht in größere Holzrahmen eingespannt werden. Als Rahmen zum offenen Befestigen von handgeschöpftem Papier, besonders von Aufrissarbeiten und Collagen, eignen sich mit Seide- oder Leinenstoff bespannte Bildträger. In tiefer liegenden Rahmen mit Glasabdeckung können die Papierobjekte staubfrei präsentiert werden. Mehrere Papiere lassen sich auch lamellen- oder dachziegelartig auf einen Stoffuntergrund aufnähen und als Wandbehang kombinieren. Florale Objekte aus Papier, bunten Stäben, Perlen und Blüten wirken am Fenster besonders dekorativ und filigran.

Von der Vielseitigkeit des Papiers

Papier lädt ein zum Rollen, Falten, Schneiden, Kleben, Heften, Drehen, Weben, Walzen, Bedrucken, Lochen, Reißen, Zerknüllen und vielem mehr. Papier hat die Funktion als Schrift- und Bildträger, dient als Verpackung und ist Ausgangsmaterial zum Formen flacher und plastischer Objekte. Dass Papier vielseitig verwendbar und gestaltbar ist, begeistert immer wieder aufs Neue.
Eigene Gestaltungsideen, auf dem Papier zu schreiben, zu malen, zu zeichnen, es zu plastischen Objekten zu formen, als kreative Verpackung oder als Gefäß zu benutzen, entspringen der eigenen Fantasie.

Die gewerbliche Nutzung der hier vorgestellten Arbeiten und Entwürfe ist nicht gestattet. Das Werk einschließlich aller seiner Teile ist urheberrechtlich geschützt. Jede Verwendung außerhalb des Urhebergesetzes ist ohne Zustimmung des Verlages unzulässig und strafbar. Das gilt insbesondere für Vervielfältigungen, Übersetzungen, Mikroverfilmung und die Einspeicherung und Verarbeitung in elektronischen Systemen.

Impressum

Alle Rechte vorbehalten – Printed in Germany
© Verlag Herder Freiburg im Breisgau 2003
www.herder.de
Umschlaggestaltung und Layoutentwurf:
R·M·E Roland Eschlbeck/Rosemarie Kreuzer
Layout und Produktion: art und weise, Merzhausen
Fotos: Christa Doll
Redaktion: Martin Stiefenhofer
Herstellung: fgb – freiburger graphische betriebe 2003
www.fgb.de

ISBN 3-451-27134-6